GUÉZOU

Tout ce que vous avez toujours voulu savoir sur ~~le sexe~~ les cathos sans jamais oser le demander

PRESSES
DE LA
RENAISSANCE

Livres illustrés par Guézou

150 histoires sur Dieu, la vie, l'amour, les canards sauvages, de Pierre Trevet, Presses de la Renaissance, 2009.
Paraboles d'un curé de campagne, de Pierre Trevet, 2 volumes, Éd. de l'Emmanuel, 2006 et 2007.
En-quête sur Jésus-Christ : des témoins racontent ..., de Thérèse Néel, Éd. des Béatitudes, 2004.

www.presses-renaissance.com

ISBN 978.2.7509.0527.9

EN CE QUI CONCERNE LA LEVÉE D'EXCOM-MUNICATION DE MONSEIGNEUR WILLIAMSON, QUE DIEU NOUS PRÉSERVE DE TOUT JUGEMENT HÂTIF !...
POUR ÊTRE CLAIR
OUI, MAIS NON ...
MAIS BON.
ENFIN, ÇA DÉPEND
PRÉSERV...
... ATIF !! ÇA Y EST, IL L'A DIT !!
QUELLE HORREUR !

Incohérence appuyée face à une fixation caractérisée.

EH BIEN MOI, JE VIENS TOUJOURS ICI POUR LE PRIER DE M'INDIQUER LA ROUTE À SUIVRE.
MAIS ENSUITE, POUR QU'IL M'AIDE À MARCHER, JE VAIS PLUTÔT À LA CHAPELLE SAINTE-BERGAMONGE OÙ IL Y A SON TIBIA ET UN MORCEAU DE PÉRONÉ.
INDEX AYANT APPARTENU À SAINT FRANÇOIS

Les saints reçoivent parfois d'étranges reliquats de dévotions peu catholiques.

ET C'EST À CET ENDROIT QUE JÉSUS-CHRIST AURAIT ÉTÉ PRIS DE CETTE FAMEUSE COLÈRE...
LESMARCHANDS DUTEMPLE.CoM
GUÉZOU

La bêtise et la superstition seront-elles exploitées jusqu'à la fin des temps ?

AÏE, J'AI OUBLIÉ L'HEURE DU CHAPELET À LA RADIO !...
BOH, DEMAIN JE REGARDERAI LA MESSE À LA TÉLÉ...
GUÉZOU

« Dieu bénit son bien-aimé quand il dort », chante le psalmiste.
Ce n'est pas une raison pour en abuser.

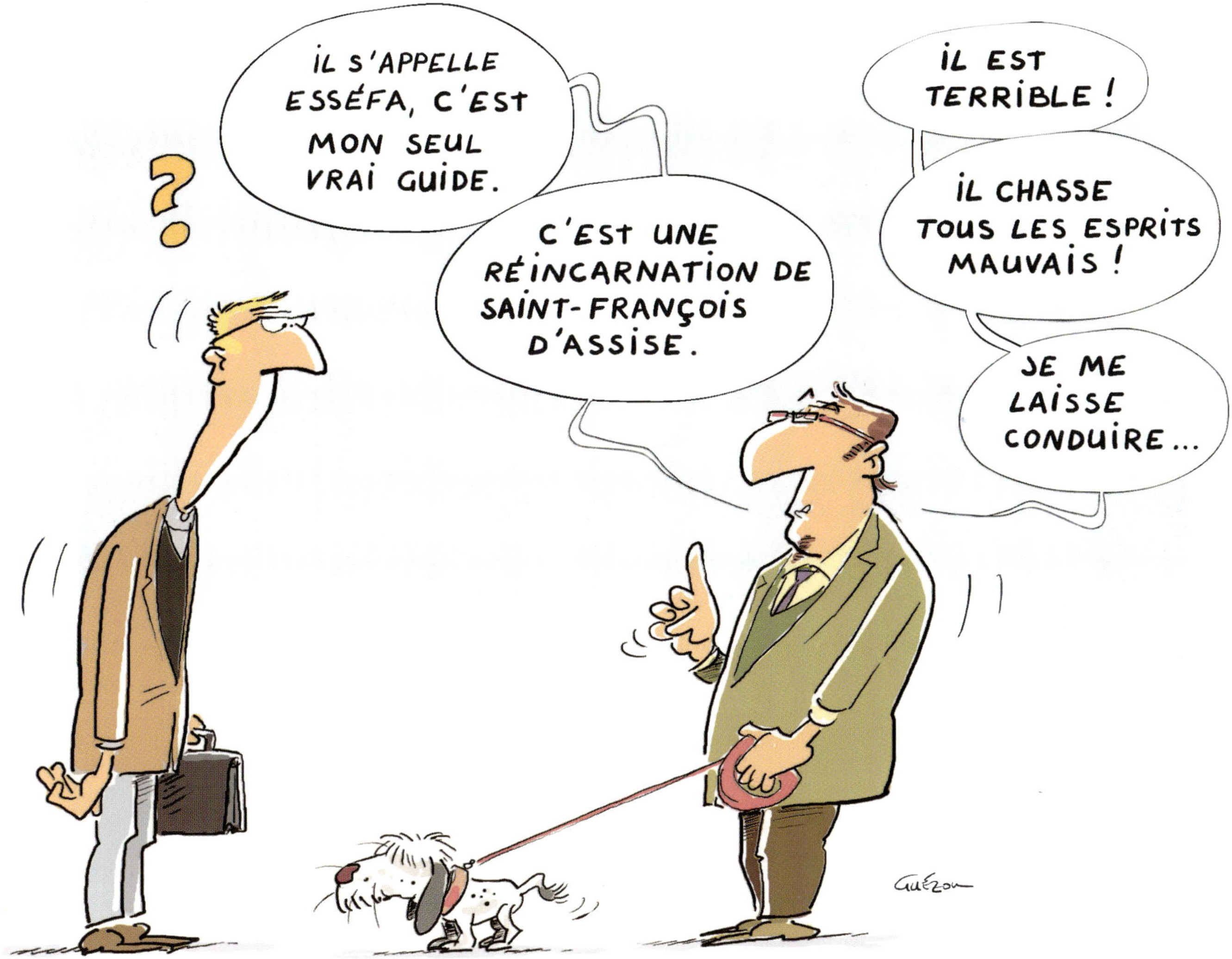
IL S'APPELLE ESSÉFA, C'EST MON SEUL VRAI GUIDE.
C'EST UNE RÉINCARNATION DE SAINT-FRANÇOIS D'ASSISE.
IL EST TERRIBLE !
IL CHASSE TOUS LES ESPRITS MAUVAIS !
JE ME LAISSE CONDUIRE...
?

Ne pas confondre lumières de la foi et foi en ses propres lumières.
Ne pas prendre des vessies pour des lanternes.

LAISSERONS-NOUS
À NOTRE TABLE UN PEU DE
PLACE À L'ÉTRANGER...

Le pharisaïsme a-t-il vraiment quitté nos églises et nos mentalités ?

BON ALORS, NOUS REVENDONS TOUS LES TITRES ET NOUS REDISTRIBUONS TOUT AUX PAUVRES
ON SE REVOIT DANS UN AN...
EN CAS DE BESOIN, JE SERAI JOIGNABLE SUR LES CHEMINS DE COMPOSTELLE... J'AURAI MON PORTABLE.
JE VOUS LAISSERAI AUSSI LE NUMÉRO DE GÉRARD ALBERT, LE PILOTE DE L'HÉLICO...
PDG

Les nouveaux convertis plus royalistes que le roi !
Et la notion de simplicité toute relative aux critères de chacun...

QUAND JE T'AI PROPOSÉ D'ÉVANGÉLISER LES FAVELAS DE BOGOTA, J'AI CRU SENTIR UN LÉGER FLOTTEMENT
C'EST QU'EN FAIT JE SERAIS PLUS PARTANT POUR LA DISTRIBUTION DE CHOCOLAT CHAUD AUX SDF D'AZERBAÏDJAN !...
LA BIBLE

Il est bien difficile de vraiment tout quitter.
Plus encore de se quitter soi-même.

MAMAN, TU SAIS, HIER, AU SÉMINAIRE, NOUS AVONS FAIT UN CONCOURS D'HUMILITÉ !
AAH ! ET ALORS ?
Famille chrétienne
EH BIEN, EN TOUTE SINCÉRITÉ, JE LES AI TOUS É-CRA-SÉS !
Famille chrétienne

En matière d'humilité, les champions sont curieusement déplacés.

STOP
ALORS, JULES, ON EST ENTRE DANS LES ORDRES ?

Pour susciter des vocations, les voies de Dieu sont impénétrables.

LA SAINTETÉ POUR LES NULS
ASSIMIL
JE SUIS SAINT EN 99 LEÇONS
SAINT EN 99 LEÇON
TINTIN AU TIBET
GUÉZOU

La sainteté pour les Nuls.
Pour y parvenir, n'est-il pas préférable de se mettre en route ?

FRÈRE ALBARAN MET AU POINT DE NOUVELLES TECHNIQUES POUR PRATIQUER LA LECTIO DIVINA.
?
GUÉZOU

2000 ans de traditions spirituelles incroyablement riches et variées…
Pourquoi les méconnaître ?

MOI,
JE LE TROUVE
UN PEU JUSTE
EUH, LÀ... TU
PARLES DU CONTENU
OU DU CONTENANT ?

L'habit ne fait pas le juste.
Notre vision du juste est parfois un peu étriquée.

NON, J'AI TÉLÉCHARGÉ TOUTE LA NUIT, JE SUIS MORT !
JÉSUS
LE NOUVEAU TESTAMENT
FREE TO KILL
FULL FREE SEX
SUN BRONZ
HAPPY COOL
ET BANG ET BANG ET BANG
ET DZING ET DZONG
ET DZING ET DZONG
ET DZING ET DZONG
GUÉZOU

« Voyant la foule, Jésus fut ému de compassion parce qu'elle était perdue et abattue, comme des brebis sans berger » (*Évangile selon saint Matthieu*).

LES MAUVAISES NOUVELLES du CENTRE
LES MAUVAISES NOUVELLES de GAUCHE
LES MAUVAISES NOUVELLES de DROITE
LA BONNE + NOUVELLE
GUÉZOU

Les nouvelles fraîches n'étanchent pas la soif du lecteur.
C'est pourtant le cas d'une nouvelle trop oubliée de plus de 2000 ans, d'une brûlante actualité.

QUEL MAGNIFIQUE TRAVAIL L'ESPRIT SAINT A FAIT DANS CETTE PAROISSE PAR VOTRE INTERMÉDIAIRE !
OUI, MONSEIGNEUR, MAIS VOUS AURIEZ DÛ VOIR L'ÉTAT DE LA PAROISSE LORSQUE L'ESPRIT SAINT ÉTAIT SEUL À S'EN OCCUPER !
GUÉZOU

« Sans moi, vous ne pouvez rien faire », a dit Jésus.
On a parfois trop tendance à l'oublier...

MERCI À TOUTES LES BONNES VOLONTÉS AU SERVICE DE L'ART FLORAL, À PRÉSENT TOTALEMENT SATURÉ ...
JE VOUS RAPPELLE QUE TOUS LES AUTRES SERVICES PAROISSIAUX RESTENT TOTALEMENT VACANTS ...

Il est des services en paroisse qui évoquent le désert.
D'autant plus quand on entre dans l'oasis de l'art floral.

BONJOUR MONSIEUR LE REPRÉSENTANT, NOUS AVONS DÉJÀ CONSULTÉ DIVERSES AUTRES RELIGIONS CAR NOUS VOUDRIONS FAIRE BAPTISER NOTRE FILS ET NOUS-MÊMES ET PEUT-ÊTRE NOUS MARIER !
QUELS SONT VOS PRINCIPAUX ARGUMENTS EN TERME DE RENTABILITÉ, EFFICACITÉ, PAIX INTÉRIEURE, TOUT ÇA, PAR RAPPORT AUX AUTRES CONCURRENTS ?
PRESBYTÈRE
BLORK

Libre concurrence.

LA PROBLEMATIQUE DES VOCATIONS A DEJÀ ETE REGLEE ; DEUX VALISETTES CIRCULENT DANS LE DIOCESE DEPUIS SIX MOIS, REMPLIES DE TOUTES SORTES DE MATERIELS PEDAGOGIQUES : CD AUDIOS, VIDEOS, CAHIERS-À-DESSINER, CHAPELETS, ETC.
LE DIOCESE EN MARCHE VERS UNE NOUVELLE IMPULSION

Le peuple de Dieu a vachement évolué depuis Abraham.
Devant l'épreuve, il ne se contente plus de crier bêtement vers Dieu :
il organise des réunions incompréhensibles.

OUVERT SURTOUT LE DIMANCHE
OUVERT MÊME LE DIMANCHE
VIDEOSONIC
VIDEOSONIC
SOLDES D'ENFER
HDMI
PROMOS
HIX
PROMOS
TNT
PROMO

Esprits marchands et repos dominical (en Dieu) ne font pas bon commerce.

«Je ne suis pas venu pour abolir la loi, mais pour l'accomplir», dit Jésus (*Évangile selon saint Matthieu*).

CHEF, J'AI LES STUPS AU BOUT DU FIL.
C'EST AU SUJET DE VOTRE PETITE SOIRÉE...
MONASTÈRE SAINTE-CLAIRE
Joie & Évangélisation
SOIRÉE CANA-bis
MONASTÈRE SAINTE-CLAIRE
LE 10 JANVIER À 19 H00

Le décalage entre contemplatif et législatif est parfois stupéfiant.

LE PAPE ... BLABLA ... INTÉGRISTES... BLABLA ... PRÉSERVATIF... BLABLA ... SCANDALEUX !
VOUS AVEZ RAISON, MADAME, JE VOIS AU MOINS DEUX CHOSES À CHANGER DANS L'ÉGLISE !...
VOUS ET MOI ...
GUÉZOU

Le secret de la recette pour que l'Église devienne (enfin) parfaite.

MES FRÈRES, RÉJOUISSONS-NOUS DE CET ÉVÈNEMENT CAR PHILIPPE, NOTRE CHAUFFEUR, VIENT DE M'AVOUER QUE POUR LA PREMIÈRE FOIS, IL SENT LE DÉSIR DE PRIER !
...PLUS PRÈS DE TOI, MON DIEU !...
PAROISSE St LUC
PÈLERINAGE ÉCLAIR
GUÉZOU

«Mes pensées ne sont pas vos pensées et mes chemins ne sont pas vos chemins, déclare le Seigneur.»
(*Livre d'Isaïe*)

MES BIENS CHERS FRERES ET SŒURS, LE PERE JEAN-MARIE N'ARRIVERA PAS AVANT 10 MINUTES; JE NE SAIS PAS CE QU'A MON FILS CE MATIN, JE NE PARVIENS PAS À LE FAIRE SE LEVER
CE N'EST POURTANT PAS FAUTE DE LUI DECONSEILLER LA TELE LE SAMEDI SOIR...
TANT PIS, ON VA DIRE UN CHAPELET EN L'ATTENDANT...
GUÉZOU

Confusion des rôles.

EH BIEN, HEU, VEUILLEZ NOUS EXCUSER POUR CE LEGER RETARD, DÛ À DE PETITS SOUCIS FAMILIAUX
...NOUS ALLONS PRENDRE LE CHANT D'ENTRÉE : SOURCE DE TOUTE JOIE

La famille, première Église du catho : expérience stimulante de grand écart pour concilier mission familiale et mission ecclésiale.

QUOI QU'EN DISENT OU PENSENT CERTAINS PAROISSIENS, MONSIEUR TUYAUT EST INTERDIT D'ORGUE JUSQU'À NOUVEL ORDRE !...
L'INTEPRÉTATION LIBRE DE BRITNEY SPEARS LORS DE LA CONSÉCRATION A ÉTÉ LA GOUTTE D'EAU !
JE NE CÉDERAI À AUCUNE MANŒUVRE D'INTIMIDATION
COMITÉ DE SOUTIEN À NOTRE ORGANISTE M. TUYAUT
GUÉZOU

Les conflits d'intérêts font partie intégrante de la vie paroissiale.
On connaît la musique...

JE CROIS QUE NOUS AVONS UN PROBLEME AVEC LA SONO...
ET AVEC VOTRE ESPRIT !
CCROUi
GUÉZOU

Les automatismes et les réponses à l'emporte-pièce peuvent prêter à confusion.

...AVANT TOUTE CHOSE, JE VOUDRAIS SAVOIR QUI EST LE OU LA RESPONSABLE DES FLEURS ?!!
GUÉZOU

L'art de bien fleurir l'église pour la liturgie
ou le partage équitable des services dans la paroisse.

...ET C'EST LÀ QUE L'ANTHROPOLOGIE DE L'AMOUR DIVIN VIENT PERCUTER LA DIMENSION CIRCONVOLUTIONNELLE DE NOTRE EXISTENCE PEREMPTOIRE !...
JE SUIS SÛRE QU'IL A REPIQUE CELA SUR MON BLOG !

Nouvelles technologies et évangélisation.

Le prêtre est le pasteur qui conduit le troupeau :
il indique la voie à suivre. Gare aux excès !

JE SAIS BIEN QUE PERSONNE PARMI VOUS NE TOMBERAIT DANS LE MAUVAIS TRAVERS DE CE PHARISIEN EN SE COMPARANT À LUI ...
SEIGNEUR, JE TE RENDS GRÂCE DE NE PAS ÊTRE COMME CE PHARISIEN ...
GUÉZOU

L'art de savoir bien *entendre* n'est pas toujours partagé par tous.

ALLEZ DANS LA PAIX DU CHRIST !
VLARF !
?!

Ite missa est.

C'ÉTAIT BIEN, LE SERMON AUJOURD'HUI
MONSIEUR L'ABBÉ, LE SERMON ÉTAIT HORRIBLEMENT LONG !...
POURQUOI AVOIR MIS LE CHAUFFAGE ?!...
VOUS AURIEZ PU RENTRER DAVANTAGE DANS LES DÉTAILS
J'AURAIS ABORDÉ LE SUJET DIFFÉREMMENT
13 MINUTES 54", C'EST VRAIMENT TROP LONG !...
SI MON RÔTI N'EST PAS BRÛLÉ, J'AURAI DE LA CHANCE

DEBRIEFING PAROISSIAL

MONSIEUR L'ABBE, VOUS AVEZ TRES BIEN FAIT DE PARLER DE L'UNION HYPOSTATIQUE PARCE QU'IL Y A TELLEMENT DE JEUNES QUI SONT DANS CETTE SITUATION MAINTENANT... ILS SE METTENT EN UNION SANS ÊTRE MARIES. VOUS AVEZ BIEN FAIT DE LE RAPPELER.

De l'art d'employer un langage accessible à tous
pour faire entendre l'Évangile comme il convient.

MON DIEU,
C'EST L'HOMME DE
MA VIE !
MON DIEU,
C'EST LA FEMME DE
MA VIE !

« Tout est grâce » (Thérèse de Lisieux).

TU AS PARLÉ À NOS TÉMOINS DU DÉMÉNAGEMENT APRÈS-DEMAIN ?
NON, ATTENDS ENCORE UN PEU...
GUÉZOU

De l'intérêt de choisir des témoins de mariage utiles.

YOUHOU, CHÉRIE… …SURPRISE !!!
POUR ME FAIRE PARDONNER, J'AI ACHETÉ LE MÊME PETIT ANGE EN STUC DE BELLE-MAMAN QUE J'AI CASSÉ HIER, MAIS EN PLUS GRAND…
TU VAS DÉ-LI-RER !
?!
1499€ 99/100
GUÉZOU

Des cadeaux proportionnés à la faute
ou du pardon gratuit dans le couple catho.

AH, C'EST TOI CHERI ?!
C'EST LA PROVIDENCE
QUI T'ENVOIE !!
ACRYO
FLASH
GUÉZOU

Sans vouloir mettre les pieds dans le plat,
les pas de la Providence surprennent toujours.

ET...
TOUT CELA POUR ACCROCHER UNE ICÔNE ?!...
ATTENDS...
TU M'AVAIS BIEN DIT : " FAIS COMME TU VEUX"?...

« Aime et fais ce que tu veux » (saint Augustin).

SYBILINE, AU SUJET DE VOTRE AVANCEMENT, J'AI RÉFLÉCHI, NOUS POURRIONS DÎNER ENSEMBLE CE SOIR POUR ÉVOQUER LE SUJET...
JE CONNAIS LE PETIT MOTEL-RESTAURANT I-DÉ-AL !
OH, PATRON C'EST TROP CHOU, JE PRÉ-VIENS IMMÉDIATEMENT MON MARI ET LES ENFANTS QUI SE FERONT UNE JOIE DE VENIR
PENSEZ, À 7, ON Y VA TELLEMENT RAREMENT !

La joie (légitime) devant une invite (illégitime) : surprise, surprise !

«Jésus traversait Jéricho. Il y avait un homme riche du nom de Zachée, chef des collecteurs d'impôts. Il cherchait à voir Jésus mais n'y arrivait pas à cause de la foule, car il était de petite taille. Il courut et grimpa sur un sycomore. Jésus l'interpella : "Zachée, descends vite : aujourd'hui, il faut que je demeure chez toi."» (*Évangile selon saint Luc*)

ZE VOULAIS FAIRE COMME ZACHÉE !...
GUÉZOU

De l'enthousiasme des enfants à imiter leurs modèles.

… BÉNISSEZ NOTRE REPAS ET TOUS CEUX QUI Y ONT PARTIC…
ANATOLE, LÂCHE TA CHAMBRE IMMÉDIATEMENT ET FINIS TA SŒUR, SINON TU MONTES DANS TA SOUPE !!
CHOUCHOUTE !
CHOUCHOU TOI-MÊME !
CLONG !
PAF !
PIF !
POF !
CLOMPS !
SHTARF !

Depuis Caïn et Abel, les guerres fratricides se perpétuent.
La miséricorde est une arme redoutable qu'il convient d'apprendre dès son plus jeune âge.

CHÉRI, CE N'EST RIEN, CE N'EST PAS MA PREMIÈRE GROSSESSE QUAND MÊME !
ZUT, JE N'AI MÊME PAS EU LE TEMPS DE PRÉCISER QU'IL S'AGIS-SAIT DE TRIPLÉS !

« Croissez et multipliez », a dit Dieu à la Création.

JESUS-CRISTE,
NE SOIT PAS CRISTE
TU SAIS, QUAND TU ES CRISTE,
MOI AUSSI JE SUIS
CRISTE !
GUÉZOU

La prière de l'enfant touche particulièrement le cœur de Dieu.
Il est vivement conseillé d'atteindre cet esprit d'enfance… même s'il y a du boulot !

SAINTE FAMILLE,
L'EDUCATION POUR TOI,
C'ETAIT VRAIMENT DU GÂTEAU...
MAIS VIENS À NOTRE AIDE !
PETIT JESUS,
POUR TOI, C'ETAIT VRAIMENT
TROP COOL D'OBEIR... MAIS VIENS
À NOTRE AIDE !
GUÉZOU

Le chemin est long pour apprendre à passer de ses idées... à celles de Dieu.

LIBERTÉ
ÉGALITÉ
FRATERNITÉ
A2 + 2AB + B2 =
MAAAGNIFICAÂÂÂAT
MAAGNIFICAAÂAÂÂAT
GUÉZOU

«Jésus dit : "Laissez venir à moi les petits enfants, ne les empêchez pas, car le Royaume des cieux est pour ceux qui leur ressemblent."»
(*Évangile selon saint Matthieu*)

PAPA, MAMAN, C'EST ENCORE LOIN, LES PISCINES ?!
PISCINES
BATHS
LA GROTTE
GROTTO
! ?!
GUÉZOU

Pèlerinage à Lourdes en famille : plonger dans l'Espérance.

ON POURRA DIRE QUE VOTRE MAISON A ÉTÉ COPIEUSEMENT BÉNIE ...
SI NOTRE ALBAN N'AVAIT PAS OUBLIÉ DE FERMER LE ROBINET DE LA BAIGNOIRE ...
PRIER AU

Les bienfaits de l'eau bénite sur nos maisons.

BONNE NOUVELLE, NOUS RESTONS UNE SEMAINE DE PLUS !
LA VOITURE EST EN PANNE, JE VIENS D'ÊTRE LICENCIÉ...
MAIS JE SUIS JOYEUX CAR, MÊME CACHÉ PAR LES NUAGES, LE SOLEIL EST LÀ
?!
!
?!!
GUÉZOU

L'Espérance, c'est comme des lunettes de soleil à l'envers :
elle nous protège de ce qui est obscur et illumine le regard de celui qui les porte.

DONC, SI J'AI BIEN COMPRIS, CETTE DEMOISELLE PARFUMÉE EST TON ACCOMPAGNATRICE SPIRITUELLE...
...ET TU L'INVITES AU RESTAURANT ?
GUÉZOU

Choisir avec soin son accompagnateur spirituel : une nécessité fondamentale.

GLUX, JE TE DIS QU'ON PERD NOTRE TEMPS, ÇA FAIT TROIS JOURS QU'ON EST DANS CE MONASTERE, ON N'A PAS ENTENDU UN SEUL MOT DE LA PART DE DIEU . . .
BLACK SABBATH IN THE NIGHT
PARDON?
LA PAGE D'INFORMATION VOUS ÉTAIT OFFERTE PAR LES SLIPS PODRINO !
TCHIKI CLONG TCHIKI TCHIK CLONG TCHIKI
SCRUNCH!
DARK DEMON
Cola

Celui qui n'écoute pas ne peut entendre.
Celui qui ne demande rien ne peut recevoir.
Celui qui n'a pas faim ne peut être rassasié...

MAIS ENFIN, TU LE TROUVES CE SAINT ?!...
TARISSEMENT... TEMPÊTE, NON ! TREMBLEMENT DE TERRE, NON ! TASSEMENT DE VERTÈBRES, TYPHON... AH ! TAUREAU FURIEUX, J'Y SUIS !!! ...
VISITEZ LA CAMARGUE
TOUS LES SAINTS

Des excès d'une théologie de la communion des saints utilisatrice.

AARGH, MON CHAPELET !
HOULAAA ! C'EST LE MOMENT DE FAIRE APPEL À SAINT ANTOINE.

La communion des saints offre la possibilité à ceux qui se débattent dans le gouffre terrestre de crier vers ceux qui ont déjà gravi les hauteurs célestes.

HOULALA ! DANS LES MOIS QUI VIENNENT, JE VOIS UN DÉBORDEMENT D'ALLÉGRESSE !
...VOUS DANSEZ, VOUS CHANTEZ DE JOIE, VOUS EXULTEZ, VOUS NAGEZ DANS LE BONHEUR PARFAIT
CE QUI EST MOINS CLAIR, C'EST QUE TOUT CELA SURVIENT APRÈS AVOIR TOUT PERDU AU JEU, DANS DES VOLS, DES INCENDIES, ET DANS L'ALCOOL ...
VOTRE EMPLOI, VOTRE FEMME, VOS APPAR-TEMENTS, VOTRE VOITURE VOTRE CHIEN ET TOUS VOS AMIS.
SANS COMPTER UNE ARTÉRIOSCLÉROSE.
TONK TONK
SCHTINK SCHTINK

L'apprentissage de la joie parfaite ou du détachement des biens terrestres.

CHARLES-MAURICE,
JE CROIS QUE C'EST LE MOMENT DE MESURER NOTRE APTITUDE AU DÉTACHEMENT...
STOP

« Cherchez d'abord le Royaume de Dieu et sa justice, et tout le reste vous sera donné par surcroît », dit Jésus (*Évangile selon saint Matthieu*).

ALORS ... EN ENTRÉE : UN TABOULÉ ...
... MAIS JUSTE LA SEMOULE. ENSUITE, UNE CHOUCROUTE MAIS ALORS COM--PLÈTEMENT DÉGARNIE, PUIS UN YAOURT SANS SUCRE, LE TOUT ACCOM--PAGNÉ D'UN VERRE D'EAU DU ROBINET ...
MENU
MENU
MENU
GUÉZOU

Accepter une invitation au restaurant un vendredi de carême peut devenir difficile à gérer.

JE BRÛLE D'AMOUR
SPIRITUEL & INCARNÉ
CONTRE LES IDÉES FUMEUSES
S'ANCRER DANS LE RÉEL
JE PENSE DONC J'AGIS
ORA ET LABORA
!?
GUÉZOU

Des dangers d'une spiritualité désincarnée...

BONJOUR MESSIEURS - DAMES !
MONSIEUR BERGEOME EST JUSTEMENT EN PLEINE RÉUNION AVEC LA HAUTE DIREC- -TION POUR ÉTUDIER VOTRE DOSSIER ...
... IL NE DEVRAIT PAS TARDER À VOUS DONNER UNE RÉPONSE.
LA BIBLE

Quand la Parole de Dieu vous saisit, le reste peut sembler dérisoire.

FAITES TOUT CE QU'IL VOUS DIRA...
ON VOIT BIEN QUE CE N'EST PAS ELLE QUI RISQUE DE SE FAIRE VIRER!
SI C'EST UNE BLAGUE, ELLE EST DE MAUVAIS GOÛT...
JE SENS QUE ÇA VA TOURNER AU VINAIGRE, CETTE HISTOIRE!
MÊME BOURRÉS ILS VERRONT FORCÉMENT QUE CE N'EST QUE DE L'EAU!
C'EST TOI QUI PARLES, MOI JE NE VEUX PAS ME MOUILLER...
GUÉZOU

«Il y eut une noce à Cana de Galilée. Le vin venant à manquer, Jésus dit aux serviteurs : “Remplissez d'eau ces jarres. Puisez maintenant et portez-en au maître d'hôtel.” Quand le maître d'hôtel eut goûté l'eau devenue du vin, il dit au marié : “Tout le monde sert d'abord le bon vin et, quand les gens sont ivres, alors le moins bon ; toi, tu as gardé le bon vin jusqu'à présent.” »
(*Évangile selon saint Jean*)

À Cana, Jésus change l'eau en vin.
Marie, sa mère, dit aux serviteurs : «Faites tout ce qu'il vous dira.»

ET VOUS, QUI DITES-VOUS QUE JE SUIS ?
TU ES LA THÉOPHANIE ESCHATOLOGIQUE QUI NOURRIT ONTOLOGIQUEMENT L'INTENTIONNALITÉ DE NOS RELATIONS SUBCONSCIENTES ET INTERPERSONNELLES.

« Et vous, qui dites-vous que je suis ? » demande Jésus à ses disciples.
« Tu es le Messie, le Fils de Dieu » répondit Pierre.
Après 2000 ans, les réponses se sont compliquées...

CE CURÉ A TROP BIEN PARLÉ DE LA CONTRITION...
IL M'A ÉMU !
JE CROIS QUE JE VAIS RETOURNER ME CONFESSER APRÈS LA SIESTE !...
MÊÊÊÊÊÊÊ
DING DING DING
TU CONNAIS L'HISTOIRE DU MISSIONNAIRE QUI VA SE FAIRE DÉVORER PAR UN LION ?
GUÉZON

À celui qui a beaucoup aimé, il sera beaucoup pardonné.

Retrouvez Guézou sur son site :

www.guezou.fr

Certains dessins de cet ouvrage ont fait l'objet d'une première publication dans les revues *Famille chrétienne* et *Il est vivant*.

Pour en savoir plus
sur les Presses de la Renaissance
(catalogue complet, auteurs, titres,
extraits de livres, revues de presse,
débats, conférences...),
vous pouvez consulter notre site Internet :
www.presses-renaissance.com

Maquette et photogravure :
Nord Compo, Villeneuve-d'Ascq

Achevé d'imprimer en janvier 2010
Sur les presses de Loire Offset Titoulet à Saint-Etienne